Impressum
Verlag: BABADADA GmbH, Nedderfeld 112 , 22529 Hamburg
Geschäftsführer / Verlagsleitung: Harald Hof
Druck: Books on Demand GmbH, In de Tarpen 42, 22848 Norderstedt

Imprint
Publisher: BABADADA GmbH, Nedderfeld 112 , 22529 Hamburg, Germany
Managing Director / Publishing direction: Harald Hof
Print: Books on Demand GmbH, In de Tarpen 42, 22848 Norderstedt, Germany

school

škola

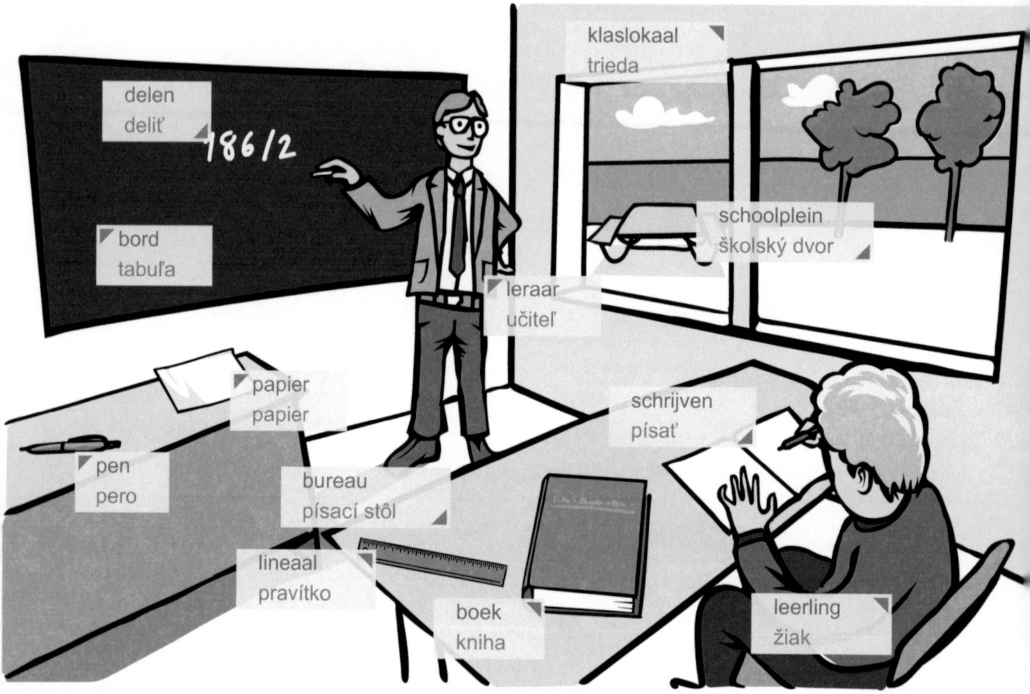

klaslokaal
trieda
delen
deliť
186/2
bord
tabuľa
schoolplein
školský dvor
leraar
učiteľ
papier
papier
schrijven
písať
pen
pero
bureau
písací stôl
lineaal
pravítko
boek
kniha
leerling
žiak

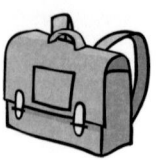

schooltas

školská taška

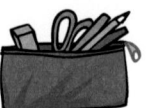

etui

peračník

potlood

ceruza

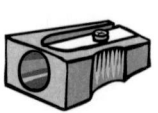

puntenslijper

strúhadlo na ceruzky

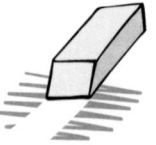

gum

guma

schetsblok

skicár

tekening

kresba

penseel

štetec

verfdoos

vodové farby

schaar

nožnice

lijm

lepidlo

schrift

cvičný zošit

huiswerk

domáca úloha

getal

číslo

optellen

sčítať

aftrekken

odčítať

vermenigvuldigen

násobiť

rekenen

počítať

letter

písmeno

alfabet

abeceda

woord

slovo

tekst

text

lezen

čítať

krijt

krieda

les

hodina

klassenboek

triedna kniha

examen

skúška

diploma

certifikát

schooluniform

školská uniforma

opleiding

vzdelanie

encyclopedie

encyklopédia

universiteit

univerzita

microscoop

mikroskop

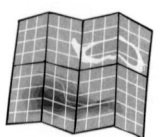

kaart

mapa

prullenmand

kôš na papier

reis
cesta

hotel
hotel
Grand
hostel
nocľaháreň
ROOMS
wisselkantoor
zmenáreň
EXCHANGE
koffer
kufor
auto
auto

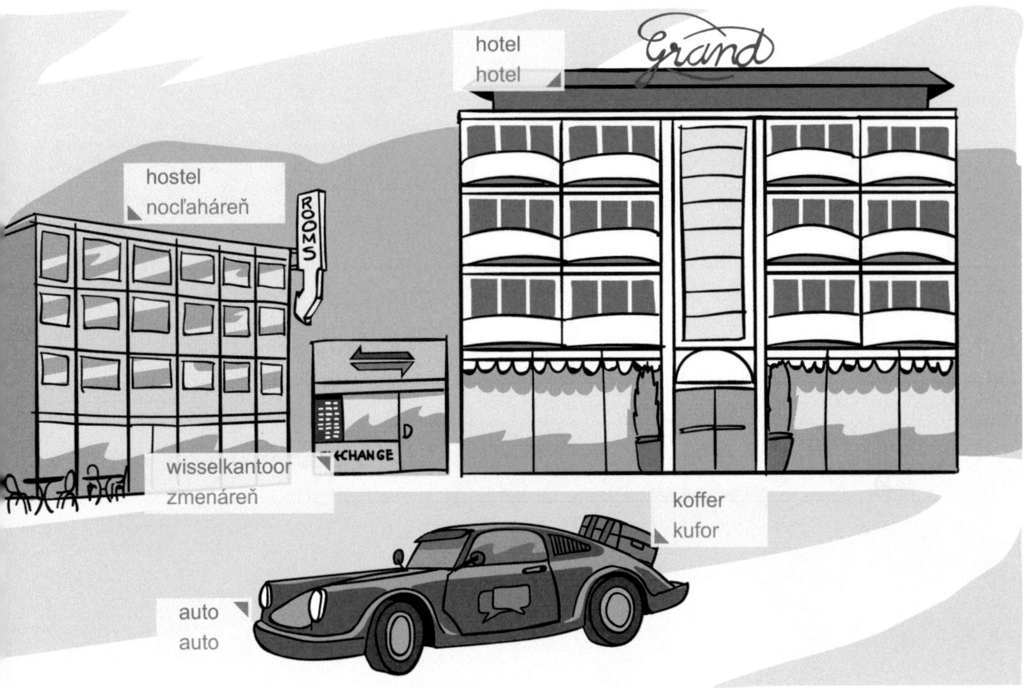

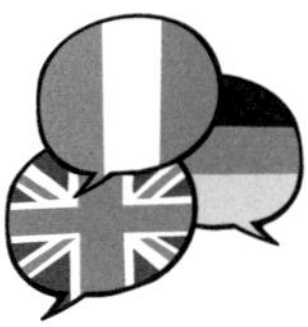

taal
jazyk

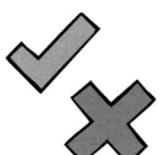

ja / nee
áno/nie

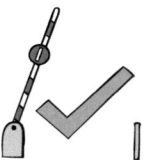

oké
v poriadku

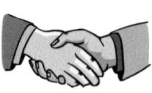

Hallo!
ahoj

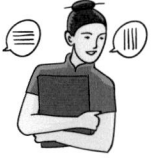

tolk
prekladateľ

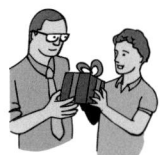

Bedankt.
ďakujem

Wat kost ...?

Koľko stojí ... ?

Ik begrijp het niet.

Nerozumiem

probleem

problém

Goedenavond!

Dobrý večer!

Goedemorgen!

Dobré ráno!

Goedenacht!

Dobrú noc!

Tot ziens!

Dovidenia

richting

smer

bagage

batožina

tas

taška

rugzak

batoh

gast

hosť

kamer

izba

slaapzak

spacák

tent

stan

VVV-kantoor

informácie pre turistov

strand

pláž

creditkaart

kreditná karta

ontbijt

raňajky

lunch

obed

diner

večera

kaartje

cestovný lístok

lift

výťah

postzegel

poštová známka

grens

hranica

douane

clo

ambassade

veľvyslanectvo

visum

vízum

paspoort

cestovný pas

transport
doprava

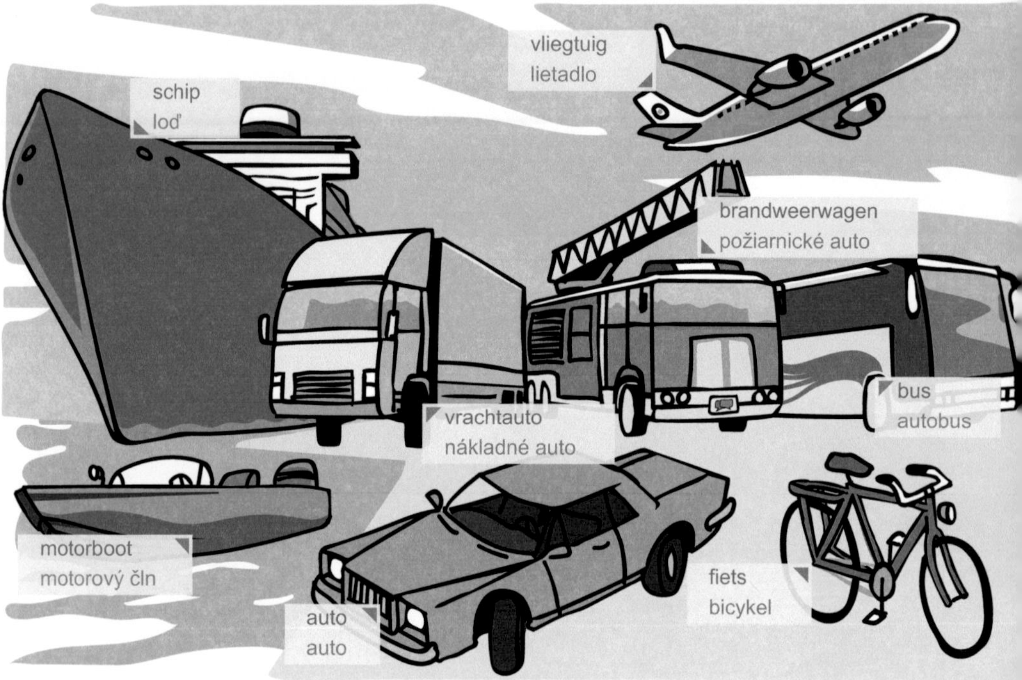
vliegtuig
lietadlo
schip
loď
brandweerwagen
požiarnické auto
bus
autobus
vrachtauto
nákladné auto
motorboot
motorový čln
fiets
bicykel
auto
auto

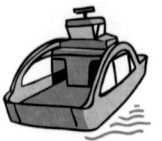

veerboot

trajekt

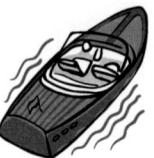

boot

loď

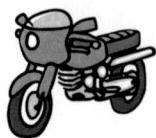

motorfiets

motorka

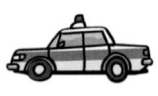

politiewagen

policajné auto

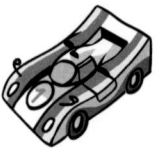

raceauto

pretekárske auto

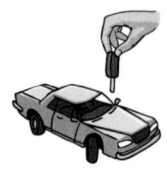

huurauto

vozidlo z požičovne

carsharing

carsharing

takelwagen

odťahové auto

vuilniswagen

smetiarske auto

motor

motor

benzine

benzín

benzinepomp

čerpacia stanica

verkeersbord

dopravná značka

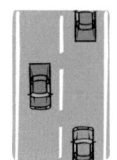

verkeer

premávka

file

zápcha

parkeerplaats

parkovisko

station

vlaková stanica

rails

trate

trein

vlak

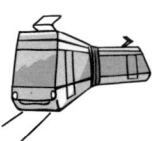

tram

električka

wagon

vagón

helikopter

helikoptéra

luchthaven

letisko

toren

veža

passagier

pasažier

container

kontajner

verhuisdoos

kartón

kar

vozík

mand

kôš

opstijgen / landen

štartovať / pristáť

stad

mesto

dorp

dedina

stadscentrum

centrum mesta

huis

dom

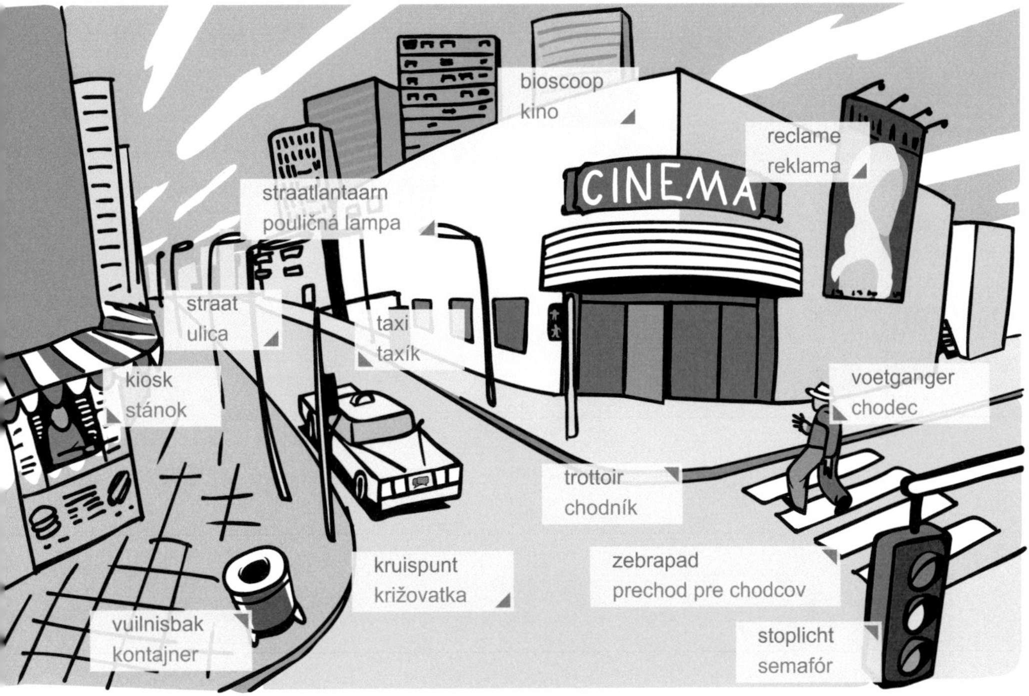

bioscoop
kino

reclame
reklama

straatlantaarn
pouličná lampa

CINEMA

straat
ulica

taxi
taxík

kiosk
stánok

voetganger
chodec

trottoir
chodník

kruispunt
križovatka

zebrapad
prechod pre chodcov

vuilnisbak
kontajner

stoplicht
semafór

hut

chata

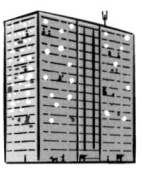

appartement

byt

station

vlaková stanica

stadhuis

radnica

museum

múzeum

school

škola

stad - mesto

universiteit

univerzita

bank

banka

ziekenhuis

nemocnica

hotel

hotel

apotheek

lekáreň

kantoor

kancelária

boekenwinkel

kníhkupectvo

winkel

obchod

bloemenwinkel

kvetinárstvo

supermarkt

supermarket

markt

trh

warenhuis

obchodný dom

visboer

obchodník s rybami

winkelcentrum

nákupné stredisko

haven

prístav

stad - mesto

park

park

bank

lavička

brug

most

trap

schody

metro

metro

tunnel

tunel

bushalte

autobusová zastávka

bar

bar

restaurant

reštaurácia

brievenbus

poštová schránka

straatnaambord

tabuľa s názvom ulice

parkeermeter

parkovacie hodiny

dierentuin

ZOO

zwembad

plaváreň

moskee

mešita

boerderij

farma

vervuiling

znečisťovanie životného
prostredia

begraafplaats

cintorín

kerk

kostol

speelplaats

ihrisko

tempel

chrám

landschap

terén

blad
list

wegwijzer
smerová tabuľa

weg
cesta

weide
lúka

steen
kameň

boom
strom

wandelaar
turista

rivier
rieka

gras
tráva

bloem
kvet

vallei

dolina

berg

kopec

meer

jazero

bos

les

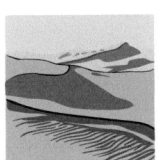

woestijn

púšť

vulkaan

vulkán

kasteel

zámok

regenboog

dúha

paddenstoel

hríb

palmboom

palma

mug

komár

vlieg

mucha

mier

mravec

bij

včela

spin

pavúk

kever

chrobák

kikker

žaba

eekhoorn

veverička

egel

jež

haas

zajac

uil

sova

vogel

vták

zwaan

labuť

wild zwijn

diviak

hert

jeleň

eland

los

stuwdam

hrádza

windmolen

veterná turbína

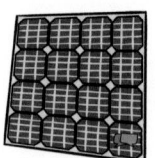

zonnepaneel

solárny panel

klimaat

podnebie

restaurant
reštaurácia

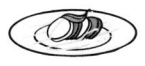

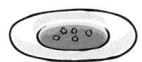

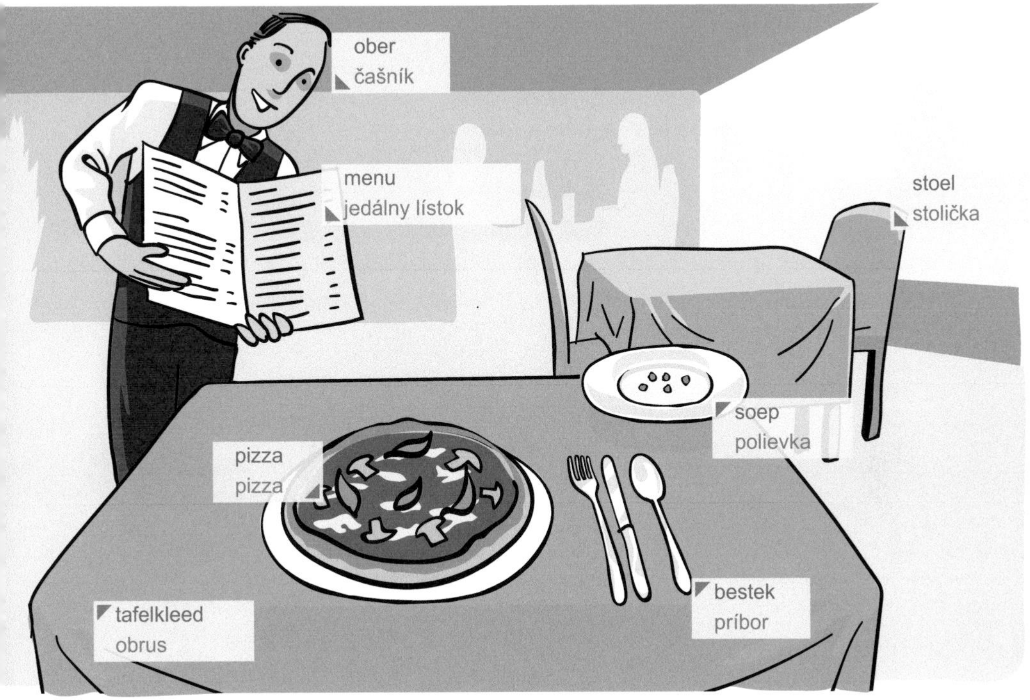
ober
čašník
menu
jedálny lístok
stoel
stolička
soep
polievka
pizza
pizza
bestek
príbor
tafelkleed
obrus

voorgerecht
predjedlo

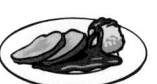

hoofdgerecht
hlavné jedlo

toetje
zákusok

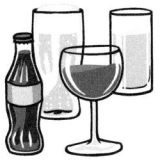

dranken
nápoje

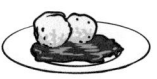

eten
jedlo

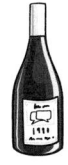

fles
fľaša

fastfood
fast-food

eetkraampje
street food

theepot
kanvica na čaj

suikerpot
cukornička

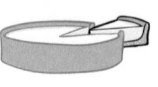

portie
porcia

espressomachine
stroj na espresso

kinderstoel
detská stolička

rekening
účet

dienblad
podnos

mes
nôž

vork
vidlička

lepel
lyžica

theelepel
čajová lyžička

servet
obrúsok

glas
pohár

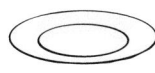

bord

tanier

soepbord

hlboký tanier

schotel

podšálka

saus

omáčka

zoutvaatje

soľnička

pepermolen

mlynček na korenie

azijn

ocot

olie

olej

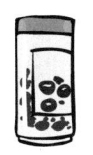

kruiden

korenie

ketchup

kečup

mosterd

horčica

mayonaise

majonéza

supermarkt

supermarket

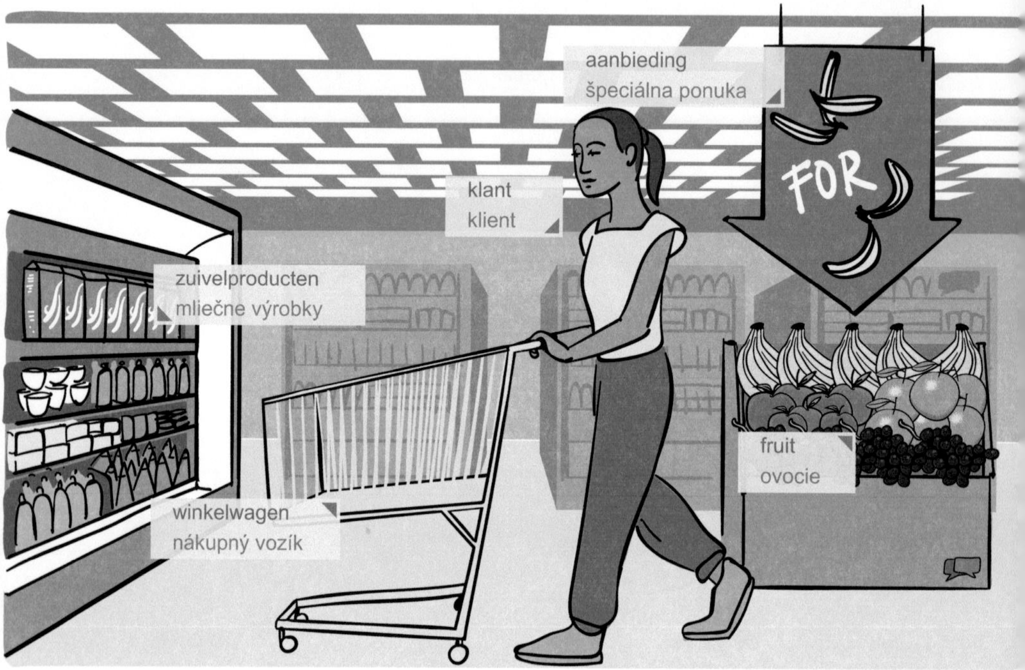

aanbieding
špeciálna ponuka
FOR
klant
klient
zuivelproducten
mliečne výrobky
fruit
ovocie
winkelwagen
nákupný vozík

BUTCHERS

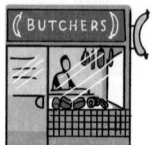

slager
mäsiarstvo

BAKERY

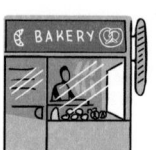

bakkerij
pekáreň

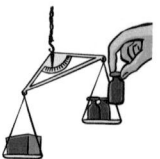

wegen
vážiť

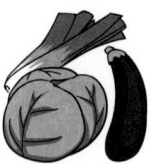

groente
zelenina

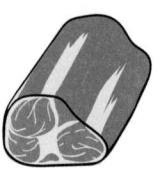

vlees
mäso

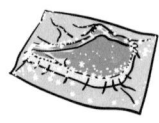

diepvriesproducten
mrazené potraviny

vleeswaren

nárez

conserven

konzervy

wasmiddel

prací prostriedok

snoepgoed

sladkosti

huishoudelijke artikelen

domáce potreby

schoonmaakmiddel

čistiace prostriedky

verkoopster

predavačka

kassa

pokladňa

kassier

pokladník

boodschappenlijstje

nákupný zoznam

openingstijden

otváracie hodiny

portefeuille

peňaženka

creditkaart

kreditná karta

tas

taška

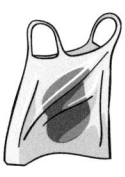

plastic zak

plastové vrecko

water
voda

sap
džús

melk
mlieko

cola
kola

wijn
víno

bier
pivo

alcohol
alkohol

chocolademelk
kakao

thee
čaj

koffie
káva

espresso
espresso

cappuccino
kapučíno

banaan

banán

appel

jablko

sinaasappel

pomaranč

watermeloen

melón

citroen

citrón

wortel

mrkva

knoflook

cesnak

bamboe

bambus

ui

cibuľa

paddenstoel

hríb

noten

orechy

pasta

rezance

spaghetti

špagety

rijst

ryža

salade

šalát

friet

hranolky

gebakken aardappelen

pečené zemiaky

pizza

pizza

hamburger

hamburger

sandwich

obložený chlebík

schnitzel

rezeň

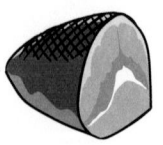

ham

šunka

salami

saláma

worst

klobása

kip

kurča

gebraad

pečené mäso

vis

ryba

havermout

ovsené vločky

muesli

müsli

cornflakes

kukuričné lupienky

meel

múka

croissant

croissant

broodjes

pečivo

brood

chlieb

toast

hrianka

koekjes

sušienky

boter

maslo

kwark

tvaroh

taart

koláč

ei

vajce

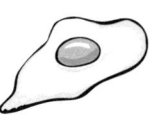

gebakken ei

volské oko

kaas

syr

ijs

zmrzlina

suiker

cukor

honing

med

jam

lekvár

chocoladepasta

nugátová nátierka

kerrie

karí korenie

boerderij
farma

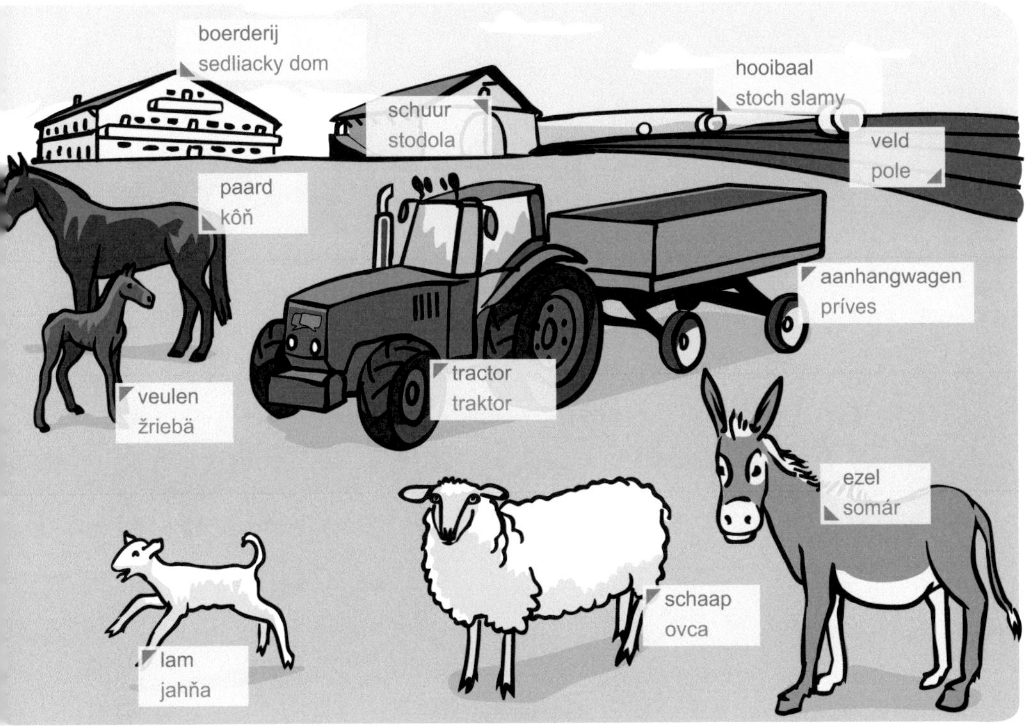

boerderij
sedliacky dom
schuur
stodola
hooibaal
stoch slamy
veld
pole
paard
kôň
aanhangwagen
príves
tractor
traktor
veulen
žriebä
ezel
somár
schaap
ovca
lam
jahňa

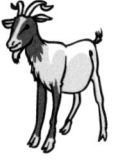

geit

koza

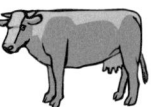

koe

krava

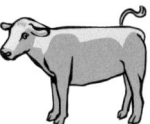

kalf

teľa

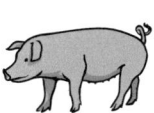

varken

prasa

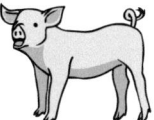

big

prasiatko

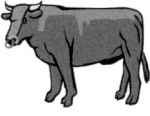

stier

býk

gans
hus

eend
kačica

kuiken
kuriatko

kip
sliepka

haan
kohút

rat
potkan

kat
mačka

muis
myš

os
vôl

hond
pes

hondenhok
psia búda

tuinslang
záhradná hadica

gieter
krhla

zeis
kosa

ploeg
pluh

sikkel

kosák

schoffel

motyka

hooivork

vidly na hnoj

bijl

sekera

kruiwagen

fúrik

trog

koryto

melkbus

kanva na mlieko

zak

vrece

hek

plot

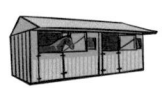

stal

maštaľ

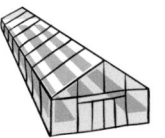

broeikas

skleník

grond

pôda

zaad

osivo

mest

hnojivo

maaidorser

kombajn

oogsten

žať

oogst

žatva

yam

batát

tarwe

pšenica

soja

sója

aardappel

zemiak

maïs

kukurica

koolzaad

repka

fruitboom

ovocný strom

maniok

maniok

granen

obilie

huis
dom

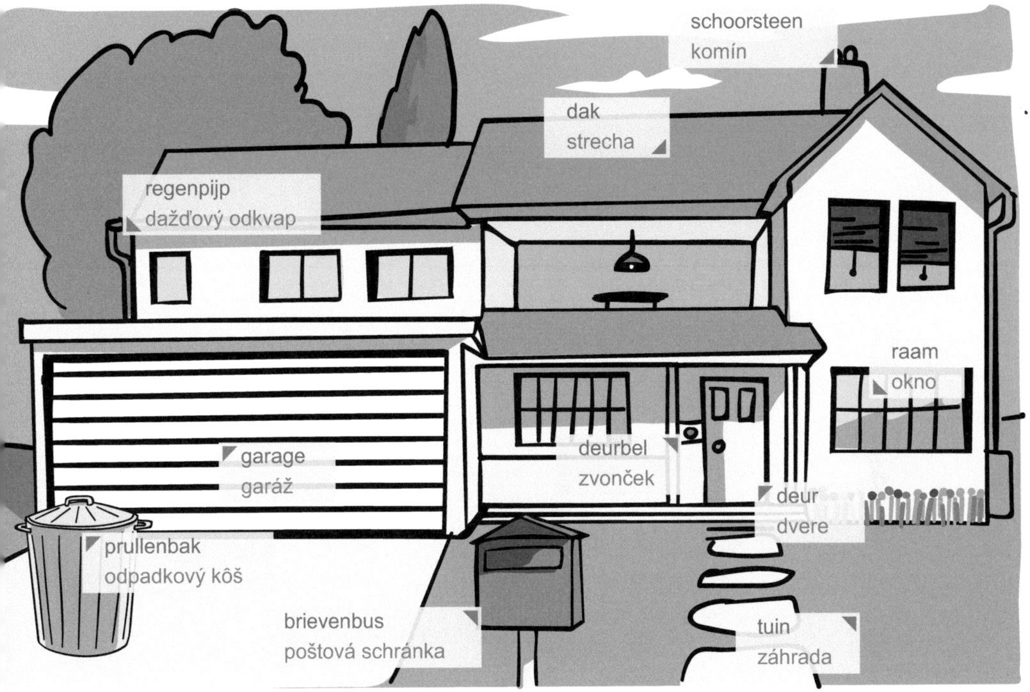

schoorsteen
komín
dak
strecha
regenpijp
dažďový odkvap
raam
okno
garage
garáž
deurbel
zvonček
deur
dvere
prullenbak
odpadkový kôš
brievenbus
poštová schránka
tuin
záhrada

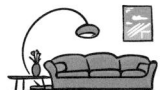

woonkamer

obývačka

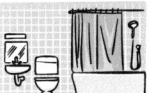

badkamer

kúpeľňa

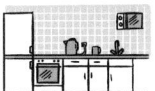

keuken

kuchyňa

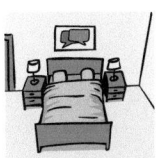

slaapkamer

spálňa

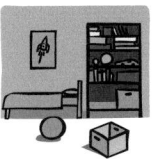

kinderkamer

detská izba

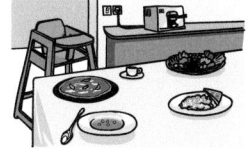

eetkamer

jedáleň

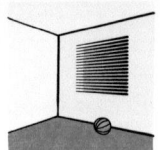

vloer

podlaha

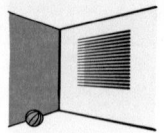

muur

stena

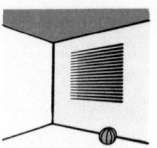

plafond

strop

kelder

pivnica

sauna

sauna

balkon

balkón

terras

terasa

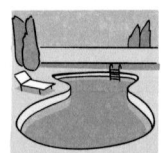

zwembad

bazén

grasmaaier

kosačka

laken

obliečka

bedsprei

posteľná prikrývka

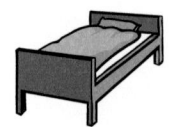

bed

posteľ

bezem

metla

emmer

vedro

schakelaar

vypínač

woonkamer
obývačka

behang
tapeta
foto
obraz
lamp
lampa
plank
regál
kast
skriňa
televisie
televízor
open haard
kozub
bloem
kvet
kussen
vankúš
bankstel
pohovka
vaas
váza
afstandsbediening
diaľkové ovládanie

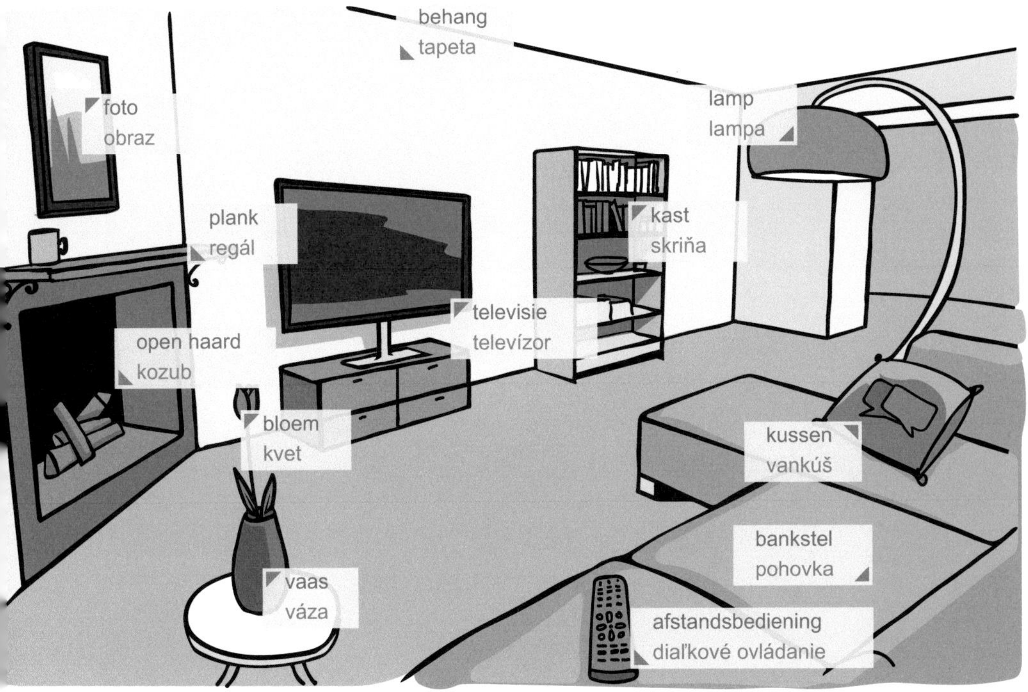

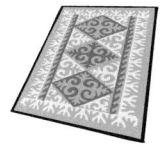

tapijt

koberec

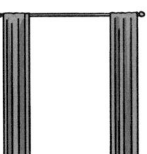

gordijn

záclona

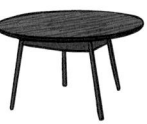

tafel

stôl

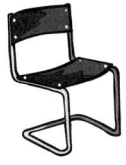

stoel

stolička

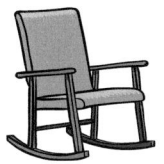

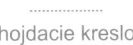

schommelstoel

hojdacie kreslo

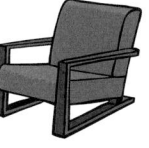

stoel

kreslo

boek

kniha

deken

prikrývka

decoratie

dekorácia

brandhout

drevo na kúrenie

film

film

stereo-installatie

hi-fi veža

sleutel

kľúč

krant

noviny

schilderij

maľba

poster

plagát

radio

rádio

kladblok

zápisník

stofzuiger

vysávač

cactus

kaktus

kaars

sviečka

keuken
kuchyňa

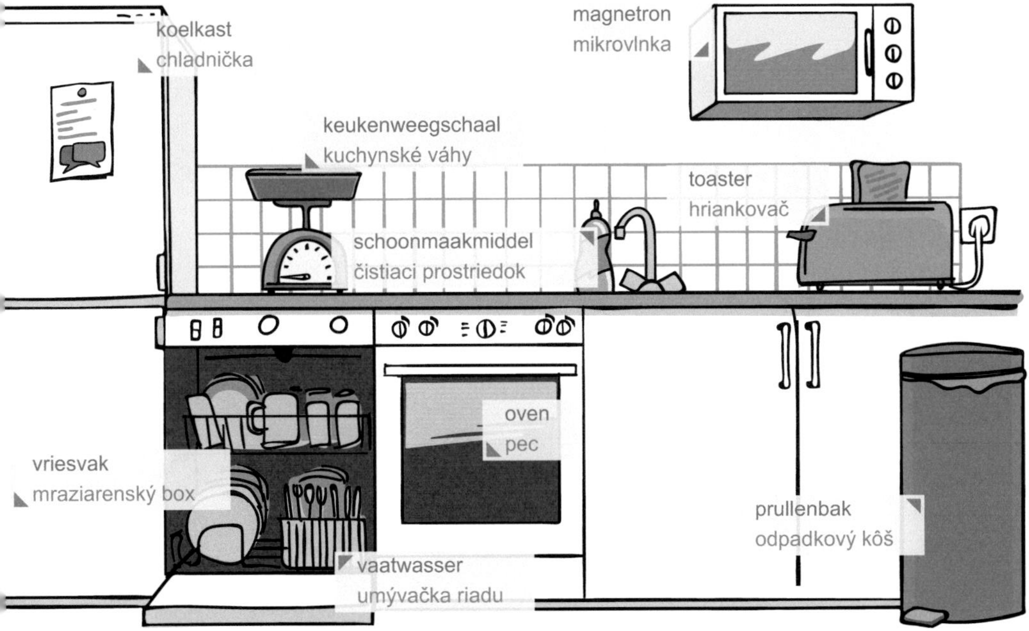

koelkast
chladnička
magnetron
mikrovlnka
keukenweegschaal
kuchynské váhy
toaster
hriankovač
schoonmaakmiddel
čistiaci prostriedok
oven
pec
vriesvak
mraziarenský box
prullenbak
odpadkový kôš
vaatwasser
umývačka riadu

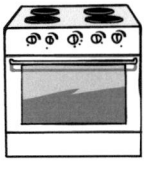

fornuis

sporák

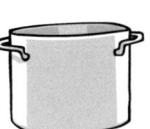

pan

hrniec

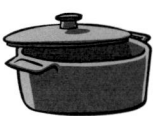

gietijzeren pan

železný hrniec

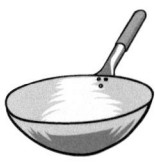

wok / kadai

wok / kadai

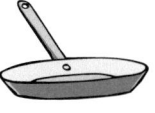

koekenpan

panvica

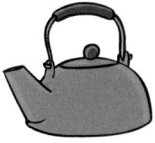

ketel

rýchlovarná kanvica

stoomkoker

parný hrniec

bakplaat

plech na pečenie

servies

riad

beker

pohár

kom

misa

eetstokjes

paličky

soeplepel

naberačka na polievku

spatel

stierka

garde

metlička

vergiet

cedidlo

zeef

sitko

rasp

strúhadlo

vijzel

mažiar

barbecue

gril

vuurhaard

ohnisko

snijplank

doska na krájanie

deegroller

valček na cesto

kurkentrekker

vývrtka

blik

konzerva

blikopener

otvárač na konzervy

pannenlap

chňapka

wasbak

výlevka

borstel

kefa

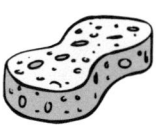

spons

hubka

blender

mixér

vriezer

mraznička

babyflesje

kojenecká fľaša

kraan

vodovodný kohútik

badkamer
kúpeľňa

douche
sprcha
verwarming
kúrenie
handdoek
uterák
douchegordijn
sprchový záves
bubbelbad
pena do kúpeľa
bad
vaňa
glas
pohár
wasmachine
práčka
kraan
vodovodný kohútik
tegels
dlaždice
potje
nočník
wasbak
výlevka

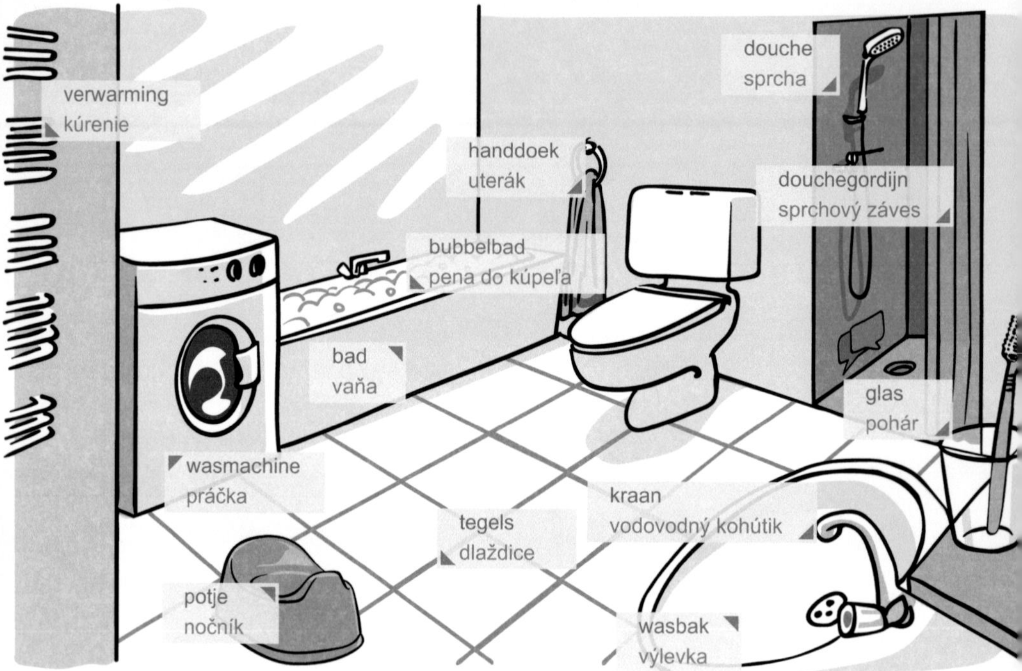

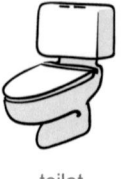

toilet
záchod

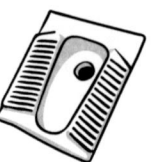

hurktoilet
suchý záchod

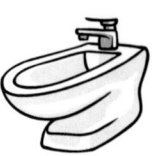

bidet
bidet

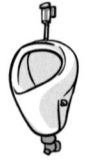

urinoir
pisoár

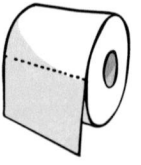

toiletpapier
toaletný papier

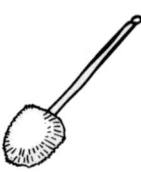

toiletborstel
záchodová kefa

tandenborstel

zubná kefka

tandpasta

zubná pasta

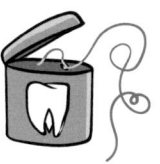

flosdraad

dentálna niť

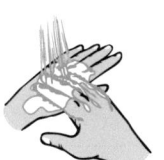

wassen

umývať

handdouche

ručná sprcha

toiletdouche

sprcha pre intímnu hygienu

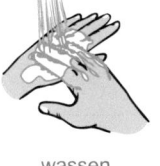

waskom

umývadlo

rugborstel

kefa na chrbát

zeep

mydlo

douchegel

sprchový gél

shampoo

šampón

washanje

frotírová rukavica

afvoer

odtok

creme

krém

deodorant

dezodorant

spiegel

zrkadlo

make-upspiegel

kozmetické zrkadlo

scheermes

žiletka

scheerschuim

pena na holenie

aftershave

voda po holení

kam

hrebeň

borstel

kefa

haardroger

sušič vlasov

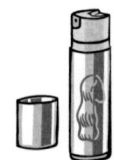

haarspray

sprej na vlasy

make-up

make-up

lippenstift

rúž

nagellak

lak na nechty

watten

vata

nagelschaartje

nožnice na nechty

parfum

parfum

toilettas

kozmetická taška

kruk

stolček

weegschaal

váha

badjas

kúpací plášť

rubber handschoenen

gumové rukavice

tampon

tampón

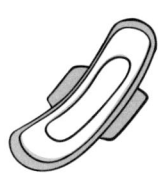

maandverband

menštruačná vložka

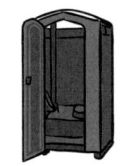

chemisch toilet

chemické WC

kinderkamer
detská izba

wekker
budík
knuffeldier
plyšová hračka
speelgoedauto
hračkárske auto
rammelaar
hrkálka
poppenhuis
domček pre bábiky
cadeau
dar

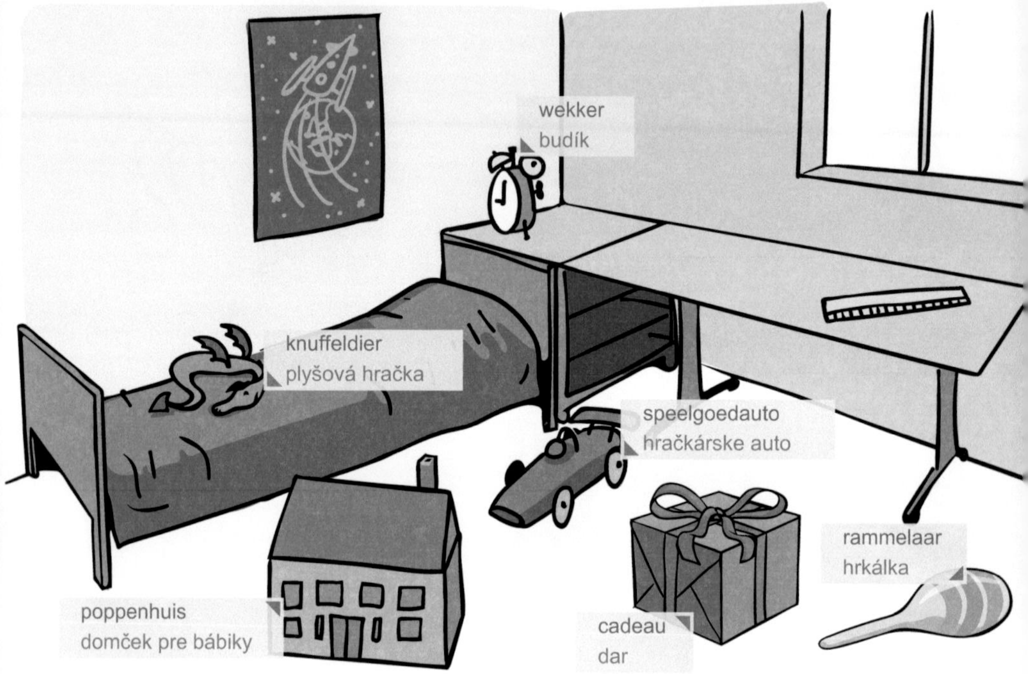

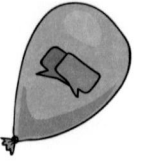

ballon
balón

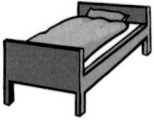

bed
posteľ

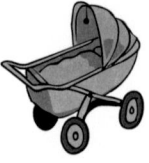

kinderwagen
detský kočík

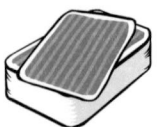

kaartspel
karty

puzzel
puzzle

SUPER
MEGA

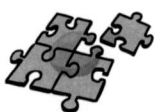

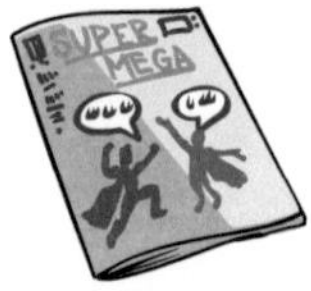

stripverhaal
komix

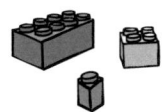

legostenen

skladačka lego

speelgoedblokken

stavebnica

actiefiguurtje

akčná postavička

romper

dupačky

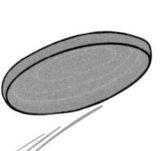

frisbee

lietajúci tanier

mobile

závesné hračky

bordspel

stolová hra

dobbelsteen

kocka

modeltrein

modelový vláčik

speen

cumlík

feestje

párty

prentenboek

obrázková kniha

bal

lopta

pop

bábika

spelen

hrať sa

zandbak

pieskovisko

schommel

hojdačka

speelgoed

hračky

spelcomputer

hracia konzola

driewieler

trojkolka

teddybeer

medvedík

kleerkast

šatník

kleding

šatstvo

sokken

ponožky

kousen

pančuchy

panty

pančuchové nohavičky

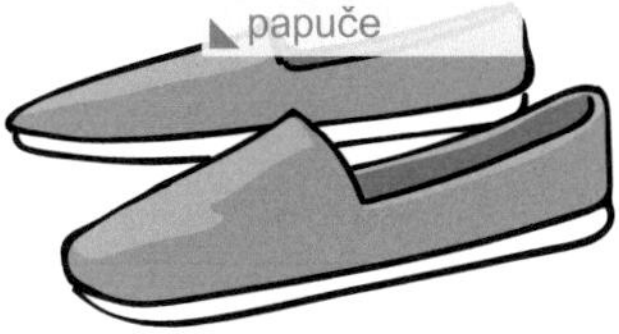

sjaal
šál

paraplu
dáždnik

T-shirt
tričko

riem
opasok

laarzen
čižmy

pantoffels
papuče

sportschoenen
tenisky

sandalen
·············
sandále

schoenen
·············
topánky

rubberlaarzen
·············
gumáky

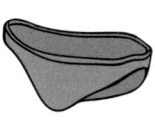

onderbroek
·············
spodky

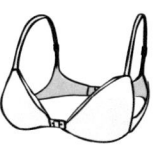

beha
·············
podprsenka

onderhemd
·············
tielko

body

body

broek

nohavice

spijkerbroek

džínsy

rok

sukňa

blouse

blúzka

overhemd

košeľa

trui

pulóver

hoody

sveter

blazer

blejzer

jas

bunda

mantel

kabát

regenjas

pršiplášť

kostuum

kostým

jurk

šaty

trouwjurk

svadobné šaty

kleding - šatstvo

pak

oblek

nachthemd

nočná košeľa

pyjama

pyžamo

sari

sari

hoofddoek

šatka na hlavu

tulband

turban

boerka

burka

kaftan

kaftan

abaja

abaja

zwempak

dvojdielne plavky

zwembroek

plavky

korte broek

šortky

trainingspak

tepláková súprava

schort

zástera

handschoenen

rukavice

knoop

gombík

bril

okuliare

armband

náramok

ketting

retiazka

ring

prsteň

oorbel

náušnica

pet

čiapka

kledinghanger

vešiak

hoed

klobúk

stropdas

kravata

rits

zips

helm

prilba

bretels

traky

schooluniform

školská uniforma

uniform

uniforma

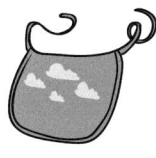

slabbetje

podbradník

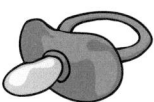

speen

cumlík

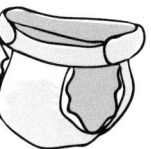

luier

plienka

kantoor

kancelária

server
server
archiefkast
skriňa na spisy
papier
papier
printer
tlačiareň
beeldscherm
monitor
muis
myš
bureau
písací stôl
map
zakladač
toetsenbord
klávesnica
prullenmand
kôš na papier
computer
počítač
stoel
stolička

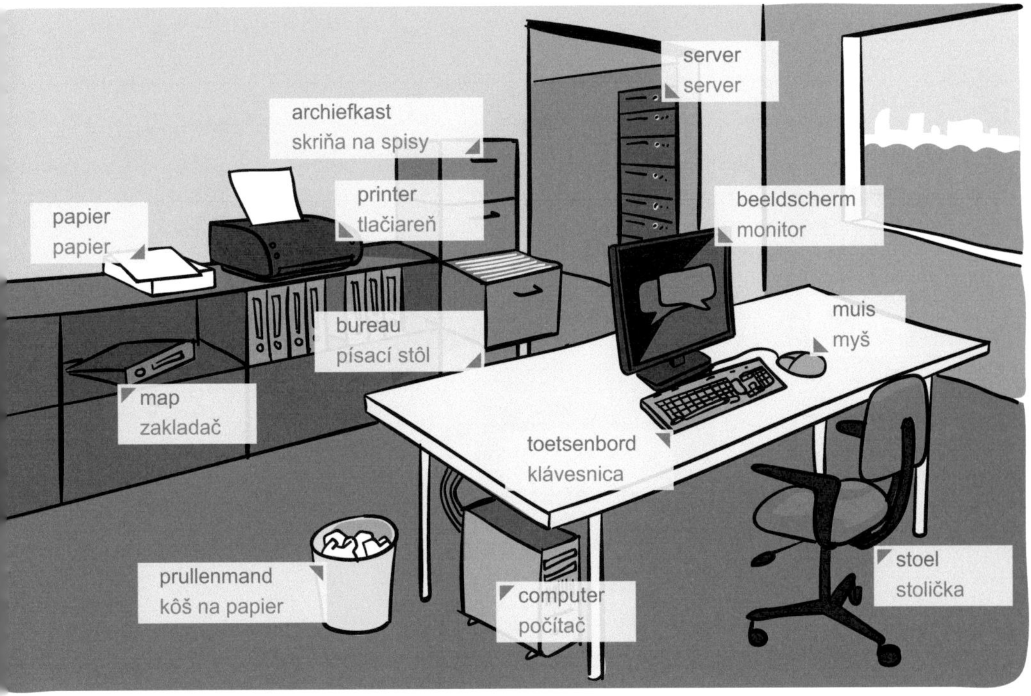

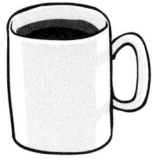

koffiemok

hrnček na kávu

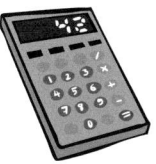

rekenmachine

kalkulačka

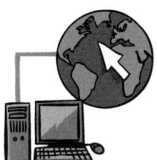

internet

internet

laptop

laptop

brief

list

bericht

správa

mobiele telefoon

mobil

netwerk

sieť

kopieermachine

kopírka

software

softvér

telefoon

telefón

stopcontact

elektrická zásuvka

fax

fax

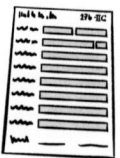

formulier

formulár

document

doklad

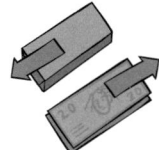

kopen
kúpiť

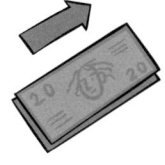

betalen
platiť

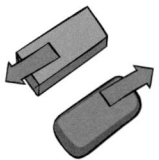

handel drijven
obchodovať

geld
peniaze

 **USD**

dollar
dolár

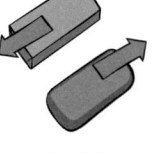 **EUR**

euro
euro

JPY

yen
jen

RUB

roebel
rubeľ

CHF

Zwitserse frank
švajčiarsky frank

CNY

renminbi yuan
čínsky jüan

INR

roepie
rupia

geldautomaat
bankomat

wisselkantoor

zmenáreň

goud

zlato

zilver

striebro

olie

ropa

energie

energia

prijs

cena

contract

zmluva

belasting

daň

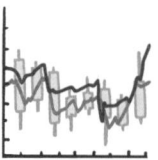

aandeel

akcia

werken

pracovať

werknemer

zamestnanec

werkgever

zamestnávateľ

fabriek

továreň

winkel

obchod

beroepen
povolania

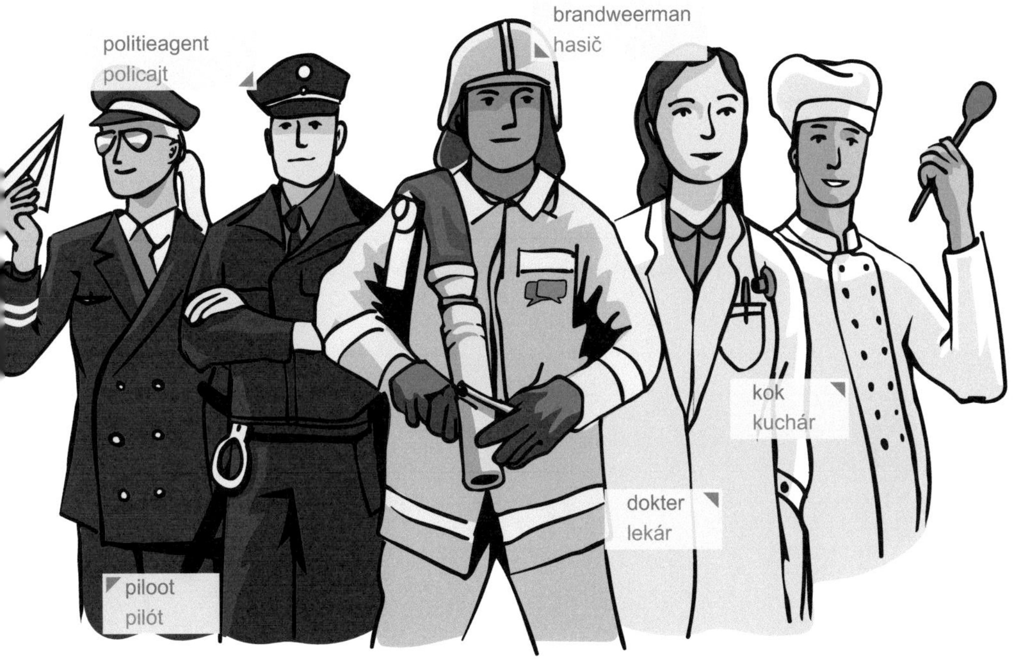
brandweerman
hasič
politieagent
policajt
kok
kuchár
dokter
lekár
piloot
pilót

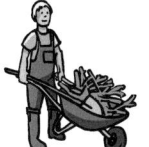

tuinman

záhradník

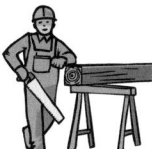

timmerman

stolár

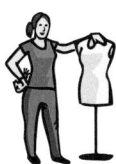

naaister

krajčírka

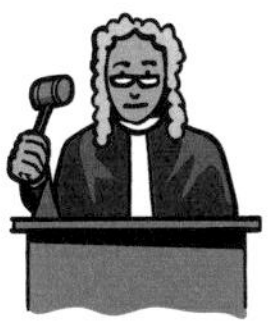

rechter

sudca

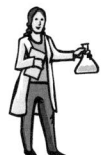

scheikundige

chemik

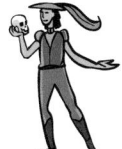

toneelspeler

herec

buschauffeur

vodič autobusu

taxichauffeur

taxikár

visser

rybár

schoonmaakster

upratovačka

dakdekker

pokrývač

ober

čašník

jager

poľovník

schilder

maliar

bakker

pekár

elektricien

elektrikár

bouwvakker

stavebný robotník

ingenieur

inžinier

slager

mäsiar

loodgieter

klampiar

postbode

poštár

soldaat

vojak

architect

architekt

kassier

pokladník

bloemist

kvetinár

kapper

kaderník

conducteur

sprievodca

monteur

mechanik

kapitein

kapitán

tandarts

zubár

wetenschapper

vedec

rabbi

rabín

imam

imám

monnik

mních

pastoor

farár

gereedschap
náradie

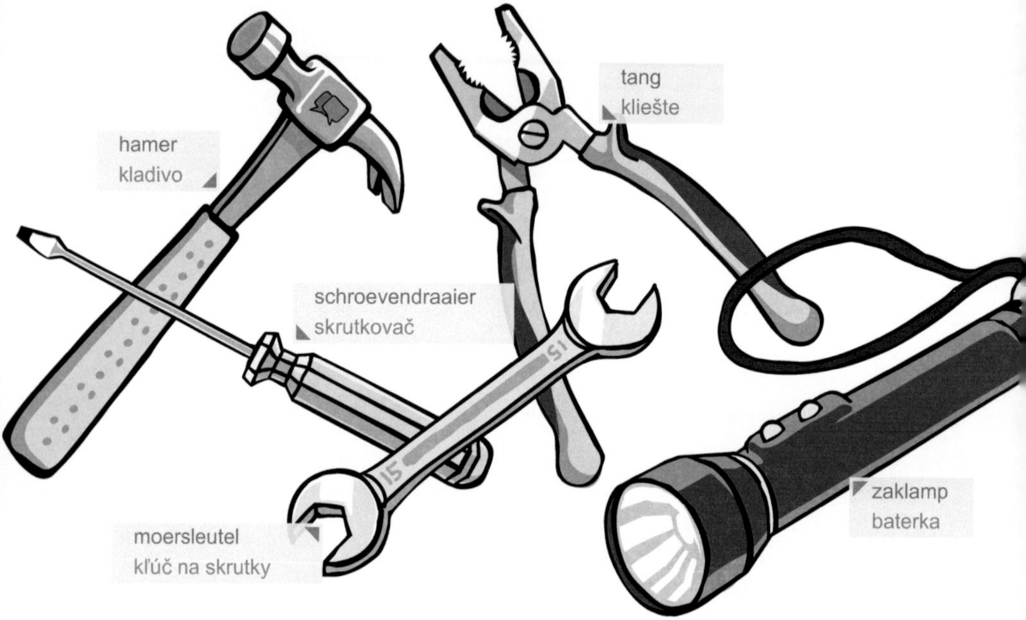

tang
kliešte
hamer
kladivo
schroevendraaier
skrutkovač
zaklamp
baterka
moersleutel
kľúč na skrutky

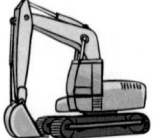

graafmachine

bager

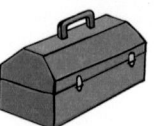

gereedschapskist

súprava náradia

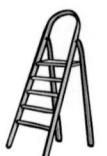

ladder

rebrík

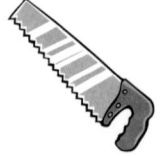

zaag

pílka

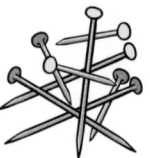

spijkers

klince

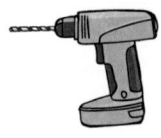

boor

vrták

repareren

opraviť

schep

lopata

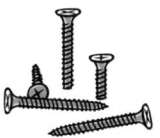

Verdorie!

Do čerta!

stofblik

lopatka na smeti

verfpot

nádoba s farbou

schroeven

skrutky

muziekinstrumenten
hudobné nástroje

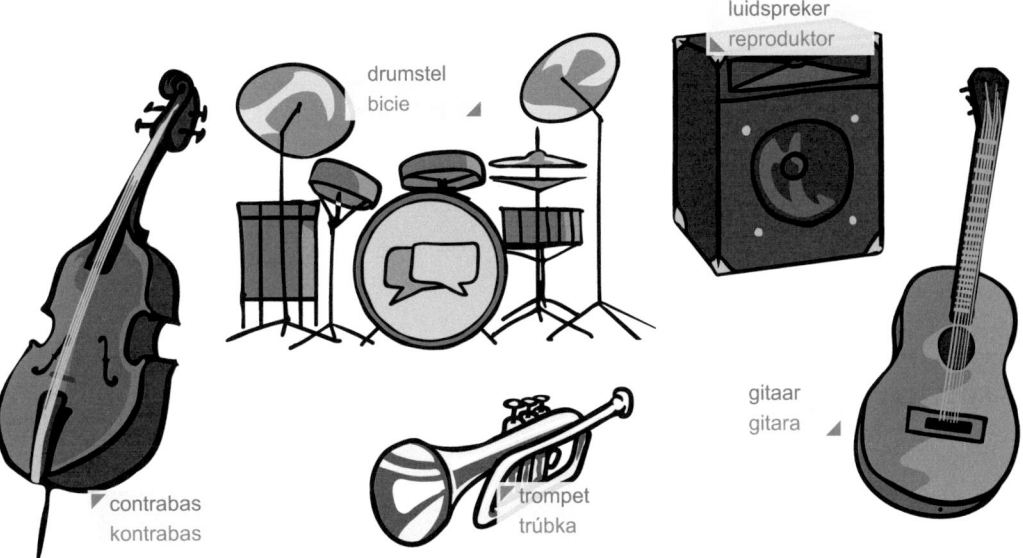

luidspreker
reproduktor

drumstel
bicie

gitaar
gitara

contrabas
kontrabas

trompet
trúbka

piano

klavír

viool

husle

bas

basa

pauk

tympany

trommel

bubon

keyboard

klávesnica

saxofoon

saxofón

fluit

flauta

microfoon

mikrofón

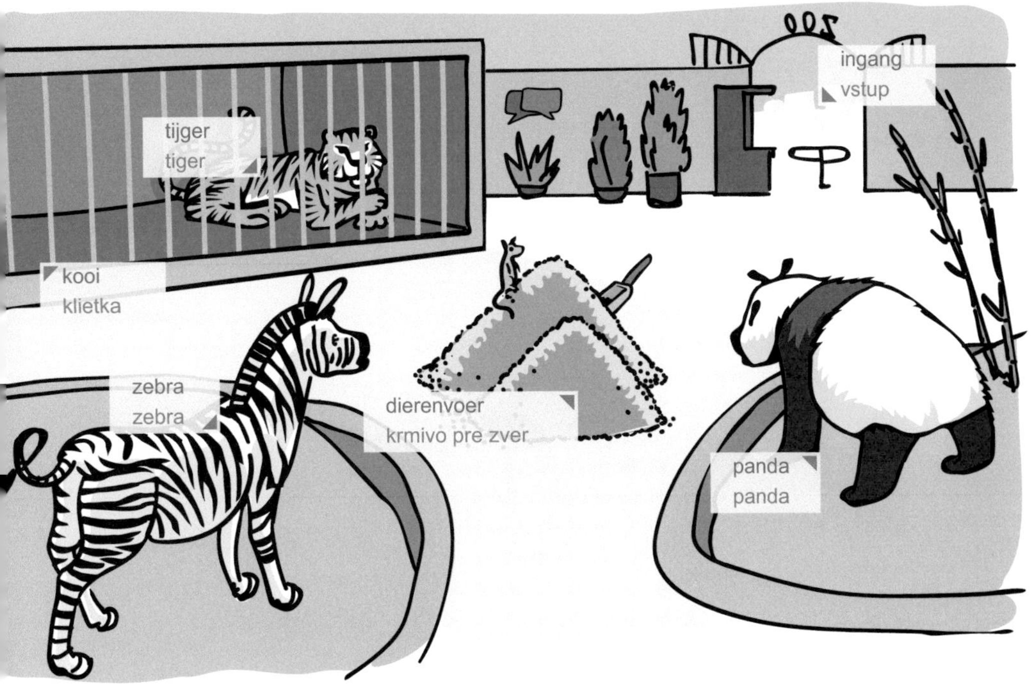

ingang
vstup

tijger
tiger

kooi
klietka

zebra
zebra

dierenvoer
krmivo pre zver

panda
panda

dieren

zvieratá

olifant

slon

kangoeroe

klokan

neushoorn

nosorožec

gorilla

gorila

beer

medveď

kameel

ťava

struisvogel

pštros

leeuw

lev

aap

opica

flamingo

plameniak

papegaai

papagáj

ijsbeer

ľadový medveď

pinguïn

tučniak

haai

žralok

pauw

páv

slang

had

krokodil

krokodíl

dierenverzorger

ošetrovateľ v ZOO

zeehond

tuleň

jaguar

jaguár

pony

poník

luipaard

leopard

nijlpaard

hroch

giraffe

žirafa

adelaar

orol

wild zwijn

diviak

vis

ryba

schildpad

korytnačka

walrus

mrož

vos

líška

gazelle

gazela

American football
americký futbal

wielrennen
cyklistika

tennis
tenis

basketbal
basketbal

zwemmen
plávanie

boksen
box

ijshockey
hokej

voetbal
futbal

badminton
bedminton

atletiek
ľahká atletika

handbal
hádzaná

skiën
lyžovanie

polo
pólo

activiteiten
aktivity

lachen
smiať sa
springen
skočiť
knuffelen
objať
lopen
chodiť
zingen
spievať
dromen
snívať
bidden
modliť sa
kussen
pobozkať

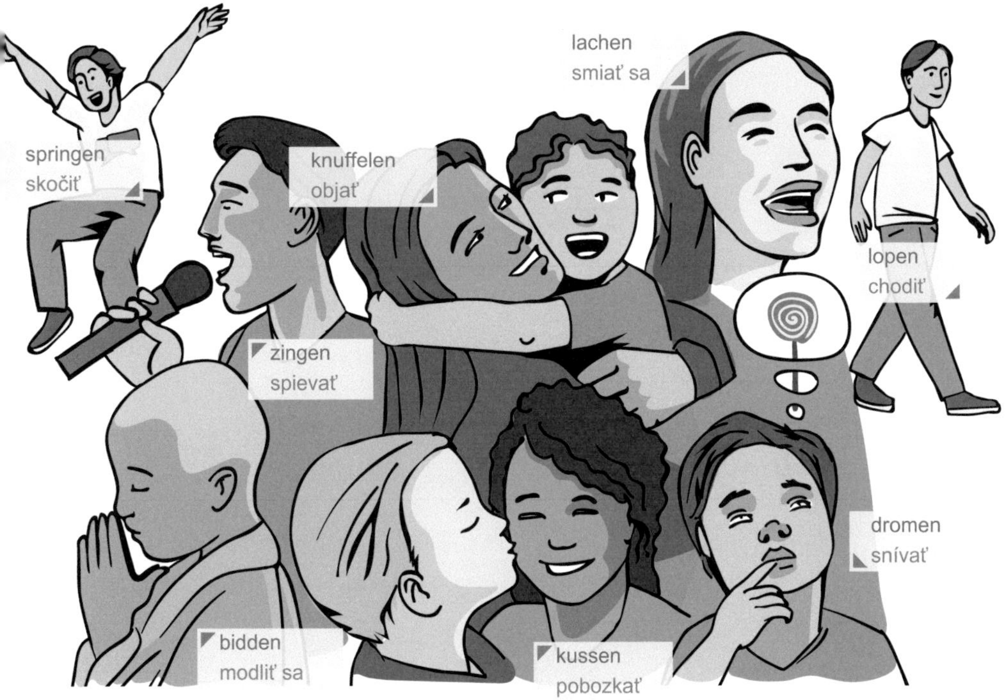

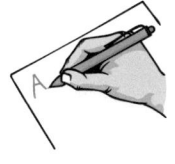

schrijven
písať

tekenen
kresliť

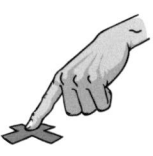

tonen
ukázať

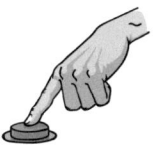

duwen
tlačiť

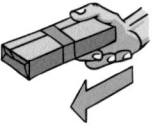

geven
dať

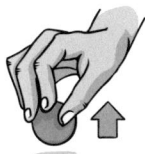

oppakken
brať

hebben
mať

doen
robiť

zijn
byť

staan
stáť

rennen
bežať

trekken
ťahať

gooien
hádzať

vallen
padnúť

liggen
ležať

wachten
čakať

dragen
nosiť

zitten
sedieť

aankleden
obliecť sa

slapen
spať

wakker worden
zobudiť sa

bekijken

pozerať

huilen

plakať

strelen

hladkať

kammen

česať

praten

hovoriť

begrijpen

rozumieť

vragen

pýtať sa

horen

počuť

drinken

piť

eten

jesť

opruimen

upratať

houden van

milovať

koken

variť

rijden

jazdiť

vliegen

letieť

zeilen

plachtiť

rekenen

počítať

lezen

čítať

leren

učiť sa

werken

pracovať

trouwen

oženiť

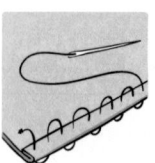

naaien

šiť

tandenpoetsen

čistiť zuby

doden

zabiť

roken

fajčiť

verzenden

poslať

familie
rodina

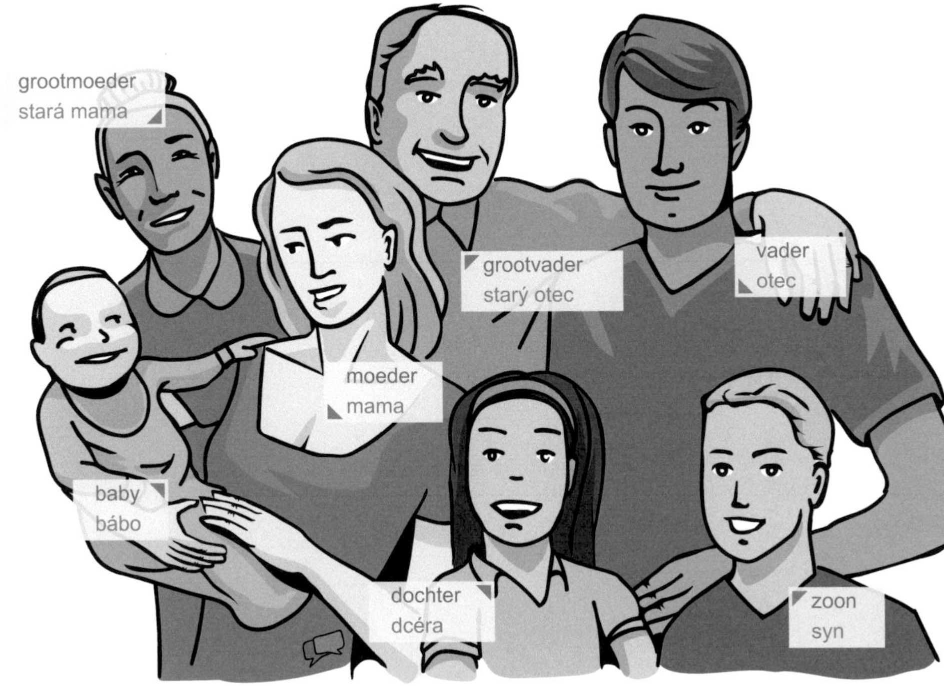
grootmoeder
stará mama
grootvader
starý otec
vader
otec
moeder
mama
baby
bábo
dochter
dcéra
zoon
syn

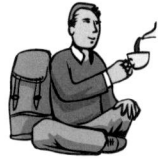

gast

hosť

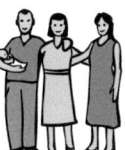

tante

teta

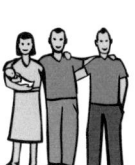

oom

strýko

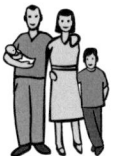

broer

brat

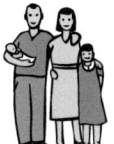

zus

sestra

lichaam

telo

voorhoofd
čelo
oog
oko
schouder
plece
vinger
prst
gezicht
tvár
kin
brada
hand
ruka
borst
hruď
been
noha
arm
rameno

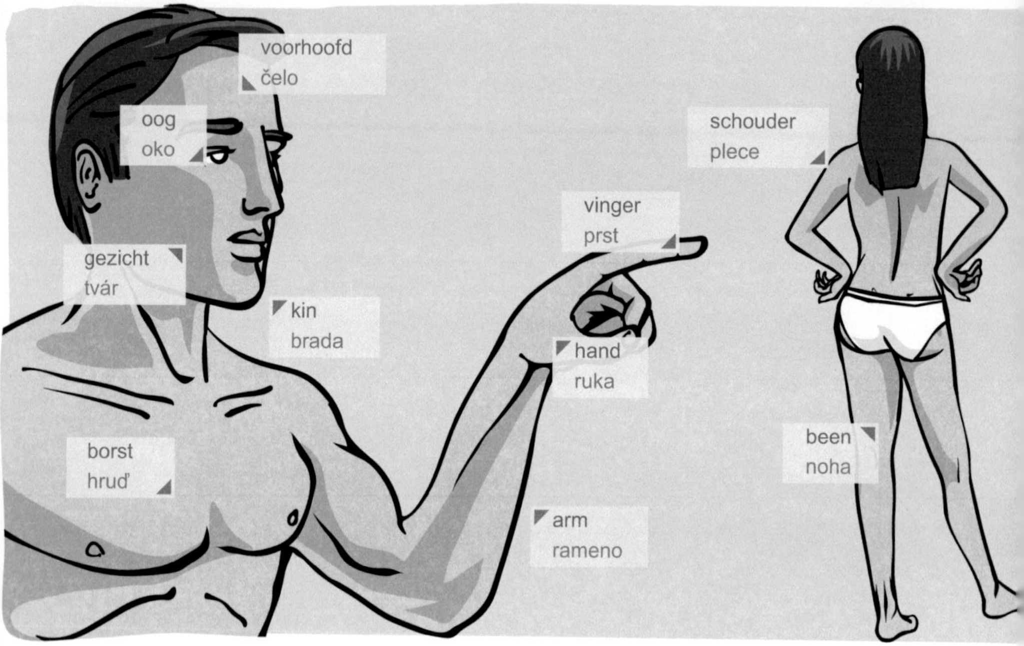

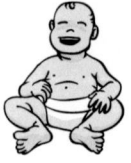

baby

bábo

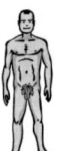

man

muž

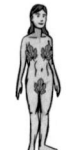

vrouw

žena

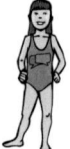

meisje

dievča

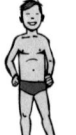

jongen

chlapec

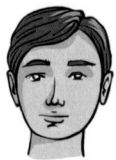

hoofd

hlava

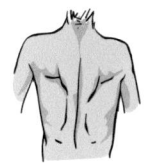

rug

chrbát

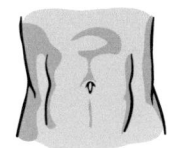

buik

brucho

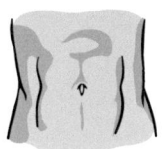

navel

pupok

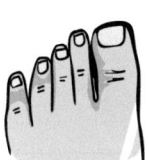

teen

prst na nohe   -

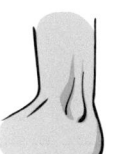

hiel

päta

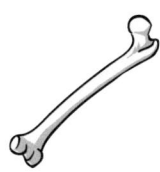

bot

kosť

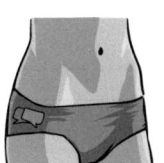

heup

bok

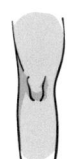

knie

koleno

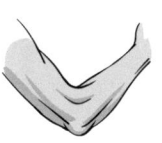

elleboog

lakeť

neus

nos

achterwerk

zadok

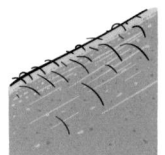

huid

koža

wang

líce

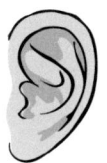

oor

ucho

lippen

pery

mond

ústa

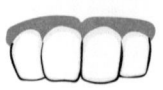

tand

zub

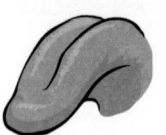

tong

jazyk

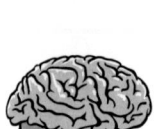

hersenen

mozog

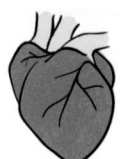

hart

srdce

spier

svaly

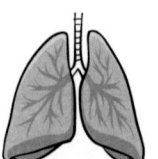

long

pľúca

lever

pečeň

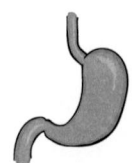

maag

žalúdok

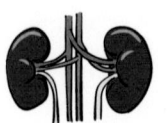

nieren

obličky

geslachtsgemeenschap

pohlavný styk

condoom

kondóm

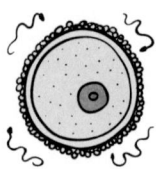

eicel

vaječná bunka

sperma

semeno

zwangerschap

tehotenstvo

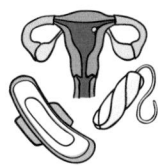

menstruatie

menštruácia

vagina

vagína

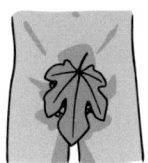

penis

penis

wenkbrauw

obočie

haar

vlasy

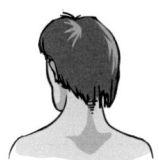

hals

krk

ziekenhuis
nemocnica

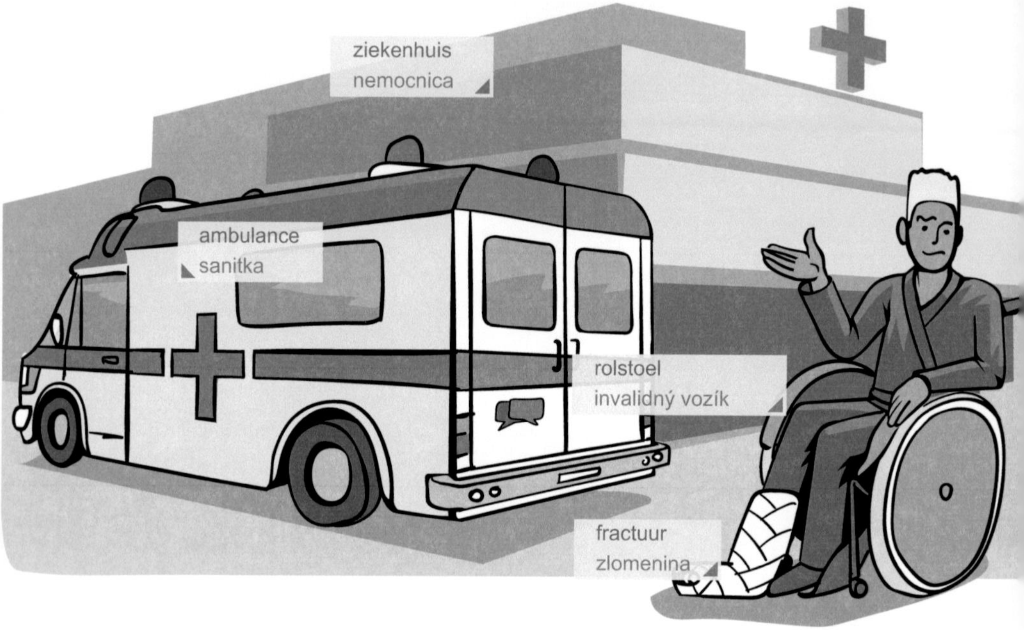

ziekenhuis
nemocnica
ambulance
sanitka
rolstoel
invalidný vozík
fractuur
zlomenina

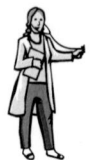

dokter

lekár

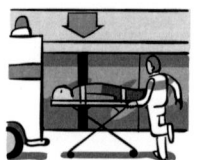

EHBO

urgentný príjem

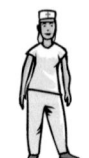

verpleegster

sestrička

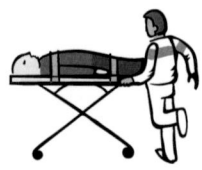

noodgeval

urgentný prípad

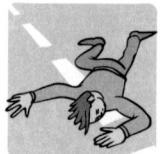

bewusteloos

v bezvedomí

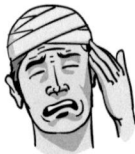

pijn

bolesť

verwonding

zranenie

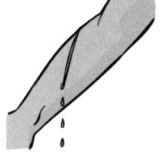

bloeding

krvácanie

hartaanval

srdcový infarkt

beroerte

mozgová porážka

allergie

alergia

hoest

kašeľ

koorts

teplota

griep

chrípka

diarree

hnačka

hoofdpijn

bolesť hlavy

kanker

rakovina

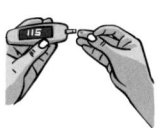

diabetes

cukrovka

chirurg

chirurg

scalpel

skalpel

operatie

operácia

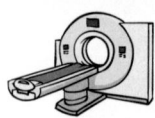

CT

CT

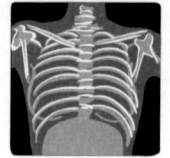

röntgen

RTG

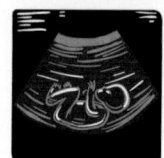

echografie

ultrazvuk

gezichtsmasker

maska

ziekte

choroba

wachtkamer

čakáreň

kruk

barla

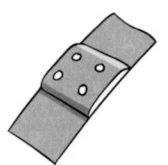

pleister

náplasť

verband

obväz

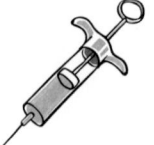

injectie

injekcia

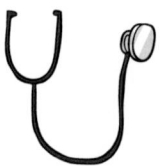

stethoscoop

fonendoskop

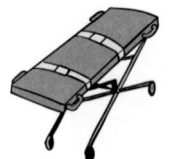

brancard

nosidlá

thermometer

teplomer

geboorte

pôrod

overgewicht

nadváha

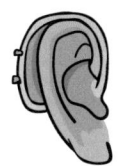

gehoorapparaat
audiofón

ontsmettingsmiddel
dezinfekčný prostriedok

infectie
infekcia

virus
vírus

HIV / AIDS
HIV / AIDS

medicijn
medicína

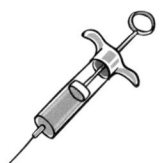

inenting
očkovanie

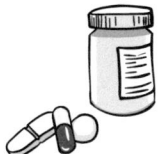

tabletten
tabletky

pil
antikoncepčná pilulka

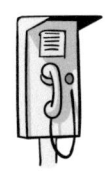

alarmnummer
tiesňové volanie

bloeddrukmeter
tlakomer

ziek / gezond
chorý / zdravý

Help!

Pomoc!

alarm

alarm

overval

prepad

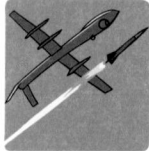

aanval

útok

gevaar

nebezpečenstvo

nooduitgang

núdzový východ

Brand!

Horí!

brandblusser

hasičský prístroj

ongeluk

nehoda

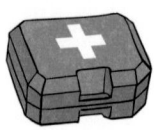

EHBO-koffer

kufrík prvej pomoci

SOS

SOS

politie

polícia

Europa
Európa

Noord-Amerika
Severná Amerika

Zuid-Amerika
Južná Amerika

Afrika
Afrika

Azië
Ázia

Australië
Austrália

Atlantische Oceaan
Atlantický oceán

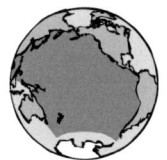
Stille Oceaan
Tichý oceán

Indische Oceaan
Indický oceán

Zuidelijke Oceaan
Južný oceán

Noordelijke IJszee
Severný ľadový oceán

Noordpool
Severný pól

Zuidpool

Južný pól

Antarctica

Antarktída

aarde

Zem

land

krajina

zee

more

eiland

ostrov

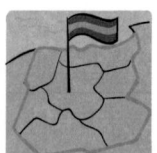

natie

národ

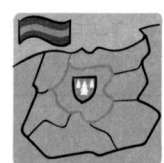

staat

štát

wijzerplaat

ciferník

uurwijzer

hodinová ručička

minutenwijzer

minútová ručička

secondewijzer

sekundová ručička

Hoe laat is het?

Koľko je hodín?

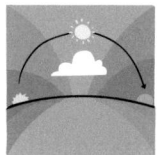

dag

deň

tijd

čas

nu

teraz

digitaal horloge

digitálne hodiny

minuut

minúta

uur

hodina

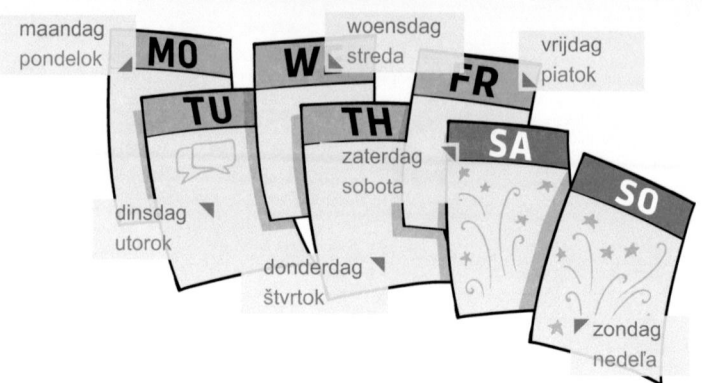

maandag
pondelok

MO

W woensdag
streda

FR vrijdag
piatok

TU

TH

SA zaterdag
sobota

SO

dinsdag
utorok

donderdag
štvrtok

zondag
nedeľa

gisteren

včera

vandaag

dnes

morgen

zajtra

ochtend

ráno

middag

poludnie

avond

večer

MO	TU	WE	TH	FR	SA	SU
1	2	3	4	5	6	7
8	9	10	11	12	13	14
15	16	17	18	19	20	21
22	23	24	25	26	27	28
29	30	31	1	2	3	4

werkdagen

pracovné dni

MO	TU	WE	TH	FR	SA	SU
1	2	3	4	5	6	7
8	9	10	11	12	13	14
15	16	17	18	19	20	21
22	23	24	25	26	27	28
29	30	31	1	2	3	4

weekend

víkend

regen
dážď

regenboog
dúha

wind
vietor

sneeuw
sneh

voorjaar
jar

herfst
jeseň

zomer
leto

winter
zima

4.APRIL	11°	☀
5.APRIL	4°	☁
6.APRIL	13°	⛆
7.APRIL	8°	❄
8.APRIL	10°	☀

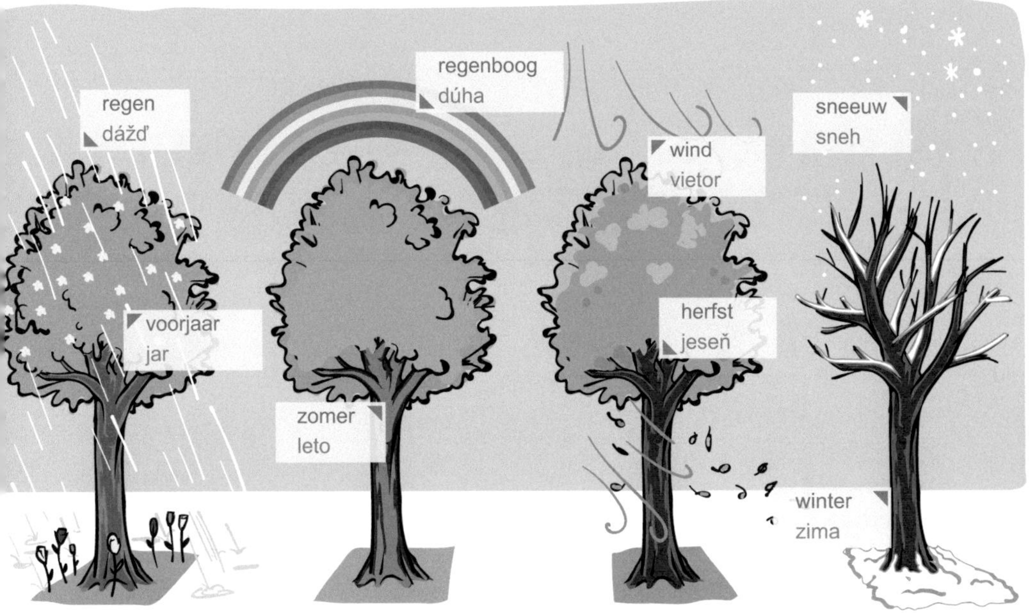

weerbericht

predpoveď počasia

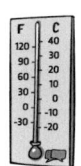

thermometer

teplomer

zonneschijn

slnečný svit

wolk

oblak

mist

hmla

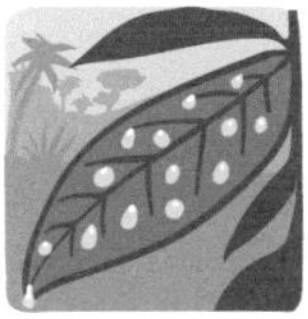

luchtvochtigheid

vlhkosť vzduchu

bliksem

blesk

donder

hrom

storm

búrka

hagel

krúpy

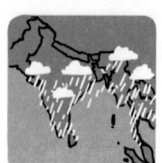

moesson

monzún

overstroming

záplava

ijs

ľad

januari

január

februari

február

maart

marec

april

apríl

mei

máj

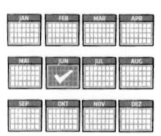

juni

jún

juli

júl

augustus

august

september
september

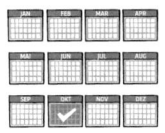

oktober
október

november
november

december
december

vormen
tvary

cirkel
kruh

vierkant
štvorec

rechthoek
obdĺžnik

driehoek
trojuholník

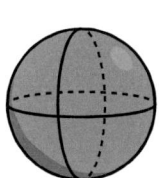

bol
guľa

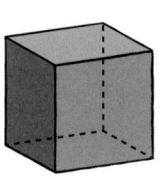

kubus
kocka

wit

biela

geel

žltá

oranje

oranžová

roze

ružová

rood

červená

paars

fialová

blauw

modrá

groen

zelená

bruin

hnedá

grijs

šedá

zwart

čierna

veel / weinig   boos / rustig   mooi / lelijk

veľa / málo   zúrivý / pokojný   pekný / škaredý

begin / einde   groot / klein   licht / donker

začiatok / koniec   veľký / malý   svetlý / tmavý

broer / zus   schoon / vies   volledig / onvolledig

brat / sestra   čistý / špinavý   úplný / neúplný

dag/ nacht   dood / levend   breed / smal

deň / noc   mŕtvy / živý   široký / úzky

eetbaar / oneetbaar

chutný / nechutný

gemeen / aardig

zlostný / láskavý

opgewonden / verveeld

vzrušený / unudený

dik / dun

tlstý / chudý

eerste / laatste

prvý / posledný

vriend / vijand

priateľ / nepriateľ

vol / leeg

plný / prázdny

hard / zacht

tvrdý / mäkký

zwaar / licht

ťažký / ľahký

honger / dorst

hlad / smäd

ziek / gezond

chorý / zdravý

illegaal / legaal

nelegálny / legálny

intelligent / dom

inteligentný / hlúpy

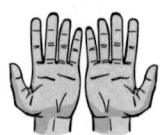

links / rechts

vľavo / vpravo

dichtbij / ver

blízko / ďaleko

nieuw / gebruikt

nový / použitý

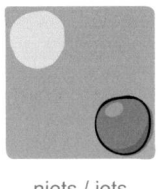

niets / iets

nič / niečo

oud / jong

starý / mladý

aan / uit

zapnuté / vypnuté

open / gesloten

otvorené / zatvorené

zacht / luid

tichý / hlasný

rijk / arm

bohatý / chudobný

goed / fout

správne / nesprávne

ruw / glad

drsný / hladký

verdrietig / gelukkig

smutný / šťastný

kort / lang

krátky / dlhý

langzaam / snel

pomaly / rýchlo

nat / droog

mokrý / suchý

warm / koel

teplý / studený

oorlog / vrede

vojna / mier

0	**1**	**2**
nul	één	twee
nula	jeden	dva

3	**4**	**5**
drie	vier	vijf
tri	štyri	päť

6	**7**	**8**
zes	zeven	acht
šesť	sedem	osem

9	**10**	**11**
negen	tien	elf
deväť	desať	jedenásť

12

twaalf

dvanásť

13

dertien

trinásť

14

veertien

štrnásť

15

vijftien

pätnásť

16

zestien

šestnásť

17

zeventien

sedemnásť

18

achttien

osemnásť

19

negentien

devätnásť

20

twintig

dvadsať

100

honderd

sto

1.000

duizend

tisíc

1.000.000

miljoen

milión

Engels

angličtina

Amerikaans Engels

americká angličtina

Chinees Mandarijn

mandarínska čínština

Hindi

hindčina

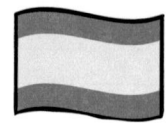

Spaans

španielčina

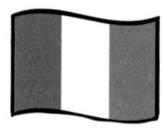

Frans

francúzština

Arabisch

arabčina

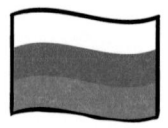

Russisch

ruština

Portugees

portugalčina

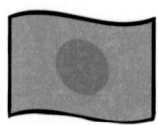

Bengalees

bengálčina

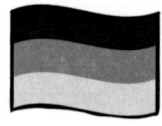

Duits

nemčina

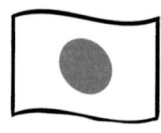

Japans

japončina

ik
ja

jij
ty

hij / zij / het
on/ona/ono

wij
my

jullie
vy

zij
oni

wie?
kto?

wat?
čo?

hoe?
ako?

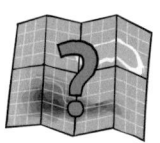

waar?
kde?

wanneer?
kedy?

naam
meno

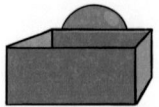

achter

za

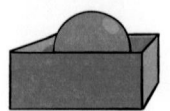

in

v

voor

pred

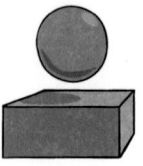

boven

nad

op

na

onder

pod

naast

vedľa

tussen

medzi

plaats

miesto